소록도 가는 길

목마른 사슴들의 행복한 섬

소록도 가는 길
목마른 사슴들의 행복한 섬

작가 김재욱　　**만화** 홍선겸

KIATS

추천사

박승주 (국립소록도병원 원생자치위원회 위원장)

　누구나 그 나라의 역사를 알아야 한다고 생각하지만, 많은 사람이 역사 공부를 하는 것은 어려워합니다. 소록도 역시 한국 근현대의 100년의 역사를 간직하고 있지만, 100년의 역사를 다 공부하는 것이 조금은 부담스러울 수도 있습니다.

　하지만 그런 분들도 국립소록도병원 개원 100주년을 맞아 발간된 만화《목마른 사슴들의 행복한 섬, 소록도 가는 길》을 잠깐만 시간을 내서 읽어보면 지난 100년 동안 소록도에서 어떤 일들이 일어났는지 재미있고, 쉽게 이해할 수 있으리라 생각합니다.

　일본 강점기에 식민지의 국민이라는 이유뿐 아니라 한센인이라는 이유까지 더해져 더 큰 차별과 억압을 감당해야 했던 소록도 주민들. 그럼에도 불구하고 한반도를 위해 쉬지 않고 기도하는 나라와 민족을 향한 그들의 사랑과 그 마음을 알게 되기를 기대합니다.

추천사

채규태 (가톨릭의대 명예교수, 전 한센병연구소 소장)

《목마른 사슴들의 행복한 섬, 소록도 가는 길》은 소록도의 과거를 그림과 담담한 글로 풀이한 책입니다. 만화로 그린 소록도 사람들의 이야기는 소록도의 사랑과 아픔 그리고 그 곳 주민들의 생생한 기억을 그림으로 설명해주고 있습니다.

1916년 나환자를 수용하기 위한 자혜의원의 출발에서부터 2016년 백주년까지 사랑과 눈물과 애환 그리고 진한 감동의 이야기를 소록대교 개통, 자혜의원, 일본인 원장들, 해방과 전쟁 중의 소록도, 소록도 교회의 역사, 그리고 주민들의 삶 등 6부로 나누어서 누구나 이해하기 쉽게 잘 설명하고 있습니다.

한 번 읽는 사람은 가슴 속 깊이 연민과 사랑을 다시 한 번 느끼게 됩니다. 어린이가 볼 수 있도록 한센병에 대한 그림 이야기가 앞으로도 많이 출판되기를 기다립니다.

지난 100년간의 소록도 가는 길을 다시 한 번 되살펴 봅니다. 한센병환자(나환자) 시인 한하운은 전라도(全羅道)길에서 소록도로 가는 길을 이렇게 표현하고 있습니다.

가도 가도 붉은 황톳길
숨막히는 더위뿐이더라

……

신을 벗으면
버드나무 밑에서 지까다비를 벗으면
발가락이 또 한 개 없다

앞으로 남는 두 개의 발가락이 잘릴 때까지
가도 가도 천리 먼 전라도 길.

왜, 걸어갔을까요. 버스나 기차를 타고 가도 되는데, 아픈 사람이 걸어서 갈 수 밖에 없었던 이유가 있습니다. 지금은 자가용 타고 가면 간단하지요. 소록도까지 다리가 연결되어 이제 더 이상 고립된 섬이 아닙니다. 내가 가고 싶을 때, 가고, 오고 싶을 때 올 수 있는 곳입니다.

그러나 그 옛날, 그 때도 기차도 있고, 버스도 있었을 텐데 왜 걸어서 삼백리나 넘는 길을 그 먼 길을, 그 것도 아픈 사람이 그렇게 숨 막히는 더위 속으로 쩔룸거리면서, 걸어가야 하나요. 그 옛날에는 버스를 타도, 기차를 타도 검문, 검색을 해서 환자들은 차에 타고 갈 수가 없었어요. 차에서 강제로 내리게 했습니다. 일본 식민지 시절의 전염병예방법에는 나환자를 격리하라고 규정하였습니다. 치료방법도 제대로 없었던 시절, 한센병환자는 격리의 대상이었습니다. 다른 사람에게 한센병을 전염시킬수 있다고 해서, 사회에서 격리하고, 직장에서 쫓겨나고, 학교에서 쫓겨나고, 마을에서 쫓겨났습니다. 사람들이 갈 수 있는 곳은 소록도병원과 여수 애양원, 부산 상애원, 대구 애락원 등 몇 군데의 시설뿐이었습니다.

1940년대 이후 한센병 치료약제가 개발되고, 한국의 생활환경, 주거시설의 개선과 BCG 접종 등으로 한센병은 더 이상 공포가 아닙니다. 1년에 5명 내외가 발생합니다. 그분들도 리팜피신 1회 복용으로 전염력이 99.9% 소실됩니다. 6-12개월, 더 길게는 24개월 동안 치료받으면 완치가 됩니다. 이제는 더 이상 격리하지 않습니다. 집에서 같이 생활하고, 완치되면 건강인들과 함께 생활하고, 자신의 자리, 가정, 직장으로 돌아가야 합니다.

소록도의 주민들은 눈, 손, 발의 신경손상으로 노동력을 상실하여 다른 사람의 도움을 받아야 합니다. 소록도 병원은 이 분들이 재활하고, 잘 살아가도록 도움을 주는 곳입니다.

독자 여러분, 이 책과 함께, 역사속으로 여행을 떠나보실까요.

기획 의도

전남 고흥군에 있는 사슴 모양의 섬, 소록도는 봄이면 영산홍으로 겨울이면 동백꽃으로 온 섬이 물들고, 썰물 때면 갯벌 가득 소라, 조개 등이 뒤덮여 바다의 생명력을 뿜어내는 아름다운 섬입니다.

그러나 이렇게 아름다운 소록도의 이면에는 질곡의 20세기 한반도 역사가 함께하고 있습니다. 신체의 심각한 변형으로 사회의 냉대와 차별을 받던 한센인들이 1916년 일본에 의해 소록도에 자혜병원이 세워진 이래 강제로 그곳에 격리되었습니다. 소록도는 한반도 내에서 유일하게 생체실험이 이루어진 곳으로 추정되며, 소록도 주민들은 일본강점기 병약한 몸으로 갖가지 억압과 학대를 받아왔고 때론 강압적인 공사 현장에 내몰리기도 했습니다.

소록도 한센인들의 아픔은 해방을 맞이한 순간과 이후 한국의 현대사 과정에서도 수많은 가슴 아픈 역사를 써 내려와야 했습니다. 지금도 말없이 방문객을 맞이하고 있는 단종대와 시체해부대, 작가 이청준에 의해 《당신들의 천국》이라는 소설로 한국사회에 큰 반향을 일으킨 오마도 간척사업은 100년에 이르는 소록도 이야기의 한 자락에 불과합니다.

그러나 수많은 어려움을 겪으면서도 한센인들은 소록도를 삶의 터전으로 귀하게 지켜왔고, 삶의 소소한 이야기와 때로는 종교적 신앙으로 신체적 삶이 주는 어려움을 극복해 왔습니다. 지난 100년간 소록도에도 사람이 살아왔습니다. 하모니카연주단과 손가락 없는 피아니스트 하인종 집사님의 감동적인 이야기는 각박한 삶을 살아가는 한국사회에 많은 감동을 주었습니다.

2016년은 한센인을 치료한다는 명목으로 소록도에 자혜의원이 개원한 지 100주년이 되는 뜻깊은 해입니다. 그 중요성에도 불구하고 일반인들에게 잘 알려진 위안부 문제와는 달리 소록도의 아픈 역사는 잘 알려져 있지 않습니다. 소록도 100년의 역사는 우리 모두가 기억하고 함께 끌어안아야 할 과제이자 동시에 우리에게 위로와 소망을 안겨줄 소중한 자산입니다.

한국고등신학연구원(KAITS)은 2010년부터 소록도의 역사와 가치를 한국사회 및 교회와 나누는 일을 진행해 왔습니다. 소록도 주민들을 위해 국립소록도병원원생자치회에 스타렉스를 마련해 드리고, 태풍으로 파괴된 남성교회의 숙소동을 복원하고, 중앙교회 장의자를 구비해주고, 신성교회 강대상을 새롭게 꾸며주고, 김정복 목사님의 기도굴 진입로를 다듬어 주기도 했습니다. 나름 열심히 최선을 다해서 지난 5년간 소록도를 섬기려고 했지만, 여전히 부족함과 아쉬움과 미안함만 남습니다. 소록도 주민들에게 더 잘 해드리지 못해서 죄송합니다. 그리고 그 수많은 일과 이야기에 함께 울고, 웃고, 기도와 후원으로 함께해 주신 국내외 모든 분께 진심으로 감사드립니다.

소록도 100주년을 맞이해 한국고등신학연구원(KIATS)이 소록도를 주제로 소설과 만화, 그리고 소록도의 100년의 역사를 다룬 책을 준비했습니다. 더불어 소록도 주민들의 그림과 서예로 소록도의 이야기를 담아 한국사회와 나누는 작업을 진행하고 있습니다. 이 책을 읽는 분들이 한국역사의 축소판 소록도를 더욱 사랑해 주실 것을 부탁드립니다. 미안합니다. 감사합니다.

2016년 소록도 100주년을 맞이해서
한국고등신학연구원 원장 김재현

머리말

100살을 맞은 소록도가 들려주는
눈물의 이야기

여러분, 소록도를 아시나요?
그리고 주민들의 눈물을 아시나요?

소록도가 한센병 환자를 위한 섬이라는 것은 알아도 정확히 어떤 일이 벌어졌는지 아는 분들은 많지 않습니다. 아직도 한센병 환자들이 많은 곳으로 알고 있기도 하고요. 아직까지도 한센병이 무슨 병인지 잘 모르고, 그저 불치병이나 심지어 저주의 결과로 알고 있는 이들도 적지 않은데요. 이 책에서는 만화로, 그리고 함께 읽는 소록도 이야기를 통해 그런 오해들을 풀고, 지금 소록도가 어떤 모습인지 알려드리려고 합니다. 소은이와 함께 소록도 가는 길에 초대합니다.

그들의 병을 치료하고, 그들의 삶의 터전으로 함께해 온 섬 소록도.
2016년에 100살을 맞은 이 섬의 역사와 주민들의 삶을 우리가 왜 알아야 할까요?

그것은 과거의 일을 통해 나라와 국민이 배워야 할 교훈이 있기 때문입니다. 다시는 이런 일이 생기지 않도록 예전 일을 솔직하고 담백하게 후대에 전해야 할 것입니다. 우리 건강한 모든 사람들과 국가는 한센인들의 엄청난 피해와 아픔에 응답하고 사과해야 합니다. 규명되어야 할 억울한 과거사도 많이 남아 있습니다. 그러려면 정확한 지식과 기록의 보존이 중요합니다. 일본에서도 과거 자신들의 잘못된 행동에 대해 인정하고 보상금을 내놓기도 했습니다.

그리고 소록도는 기독교의 역사에서도 중요한 의미를 지닙니다. 순교자 손양원 목사의 애양원도 한센병을 치료하던 곳이었고, 소록도 교회의 김정복 목사는 끝까지 교회를 지키다 역시 순교한 훌륭한 목회자였습니다. 많은 한국 교회들과 크리스천은 소록도와 크고 작은 인연을 맺고 있기도 합니다. 그래서 소록도의 100년을 짧게나마 돌아보는 것은 큰 의미가 있습니다.

여기 나오는 이야기들이 한센인 여러분의 마음에 다 들지 않을 수도 있습니다. 지금은 오래전에 비해서는 잘 살고 있으니까 과거의 아픈 이야기는 이제 그만 하기를 바라실 수도 있겠지요. 하지만 우리 크리스천들과 어린이와 학생들도 조금은 그 역사를 알아야 합니다. 그래서 꼭 필요한 이야기만 이 책에서 들려주고자 합니다.

자, 소록도로 수련회를 떠난 소은이와 교회 사람들이 어떤 이야기를 들려줄까요?

목차

제1부 소록대교 너머 100년의 이야기를 찾아
소록도 교회에 봉사를 떠난 소은이의 작은 모험 • 16
▶ 함께 읽는 소록도 이야기 1 아기 사슴을 닮은 섬 소록도와 한센병

제2부 자혜의원의 탄생, 나환자들의 슬픔과 기쁨
국적을 초월한 하나이 원장의 아름다운 봉사 • 28
▶ 함께 읽는 소록도 이야기 2 한센인들의 천사 하나이 젠키치 원장

제3부 소록도의 원수, 최후를 맞이하다
악명 높은 수호 원장이 만든 슬픔과 고통의 날들 • 64
▶ 함께 읽는 소록도 이야기 3 애국지사 이춘상의 용기와 희생

제4부 해방과 전쟁, 소록도 교회의 수난사
6·25 전쟁의 아픔 속에서도 늘 함께하신 하나님 • 84
▶ 함께 읽는 소록도 이야기 4 해방과 전쟁 속 아픔을 남긴 사건들

제5부 7전 8기, 일곱 교회의 아름다운 부활
고통 속에 다져진 은혜의 벽돌로 쌓아올린 예배당 • 100
▶ 함께 읽는 소록도 이야기 5 빼앗긴 천국, 오마도에 남겨 둔 희망의 노래

제6부 안녕, 다시 만나자, 소록도야
소록도에 남겨둔 소중한 이들, 그리움의 이야기 • 114
▶ 함께 읽는 소록도 이야기 6 평화롭고 조용한 소록도의 오늘

부록
소록도 주요 연표
주제별로 보는 소록도의 핵심 역사
만화에서 못 다한 이야기

등장인물 소개

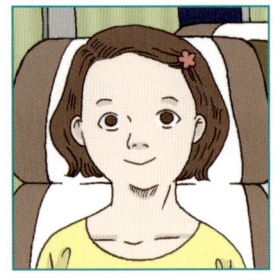

소은
엄마를 따라 교회 봉사대에 참여한 평범한 초등학교 6학년 소녀. 평소 착하고 배려심이 많은 소은이는 소록도에서 많은 것을 깨닫게 됩니다. 열심히 교회 일을 돕던 중 소록도에서 100년 동안 일어난 많은 일들을 알게 되는 소은이가 가는 길을 함께 따라가 볼까요?

아기 사슴
소은이를 소록도 곳곳으로 안내하는 귀여운 사슴입니다. '소록도'가 작은 사슴의 섬이라는 뜻인 거 아시죠? 소록도에는 지금도 사슴이 살고 있답니다.

오 전도사와 영광교회 봉사단
오 전도사님은 소록도에 봉사를 간 소은이네 영광교회 봉사단의 인솔자입니다. 소록도를 여러 번 오가며 봉사하고 있어요. 그밖에 소은이의 엄마와 집사님들, 늘 불만이 많은 김 집사님 등 소은이와 함께 소록도에서 2박 3일간 함께합니다.

소록도 성도들
소록도에 살면서 교회를 섬기는 사람들. 할머니들이 많습니다. 소은이네 교회 사람들이 3일 동안 도와드리는 분들인데, 소록도 이야기를 많이 들려주십니다.

윤보와 순이
처음 생긴 소록도 자혜의원에 오게 된 한센병 환자들입니다. 어려운 시기에 소록도에 와서 치료를 받으며 생활합니다.

경심과 충주댁
소록도가 가장 힘든 시기에 생활했던 한센병 환자로 강압적인 일본의 원장 밑에서 큰 고생을 했던 사람들 중 하나입니다.

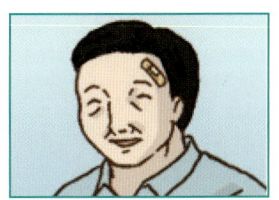
강호
공산당이 전라도와 소록도를 점령했던 위기의 시대를 살았던 청년입니다.

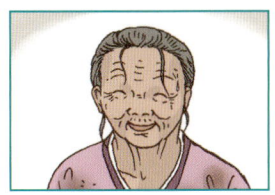
문어진 할머니
소록도의 성도들이 여덟 개의 교회를 직접 세우며 땀을 흘리던 시대, 동성교회를 지으며 늘 감사로 넘치는 삶을 살던 할머니입니다.

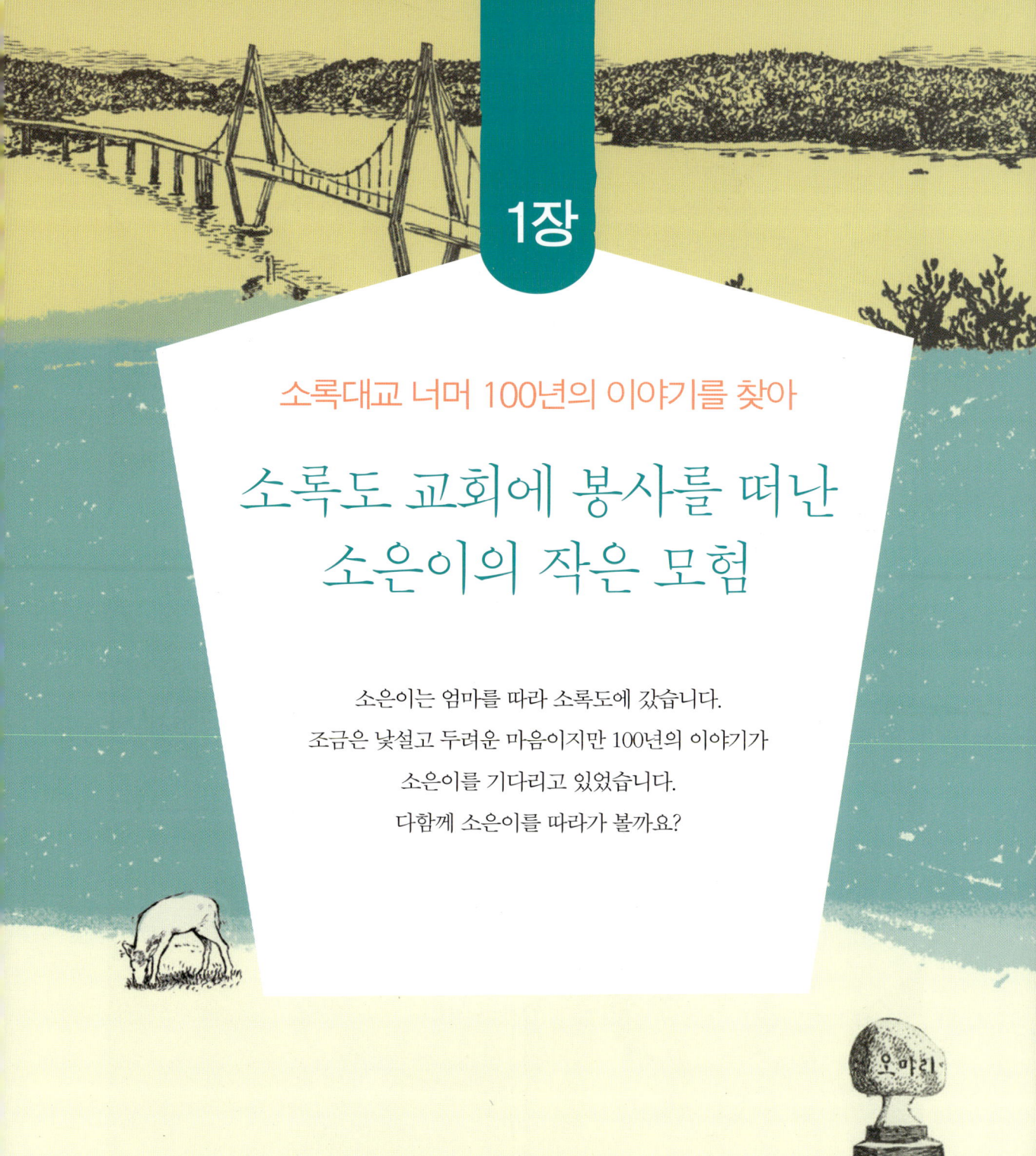

1장

소록대교 너머 100년의 이야기를 찾아

소록도 교회에 봉사를 떠난 소은이의 작은 모험

소은이는 엄마를 따라 소록도에 갔습니다.
조금은 낯설고 두려운 마음이지만 100년의 이야기가
소은이를 기다리고 있었습니다.
다함께 소은이를 따라가 볼까요?

함께읽는 소록도 이야기 1

아기 사슴을 닮은 섬 소록도와 한센병

　전라남도 끝자락 남해바다…. 고흥군에 가면 녹동항이라는 작은 항구가 있습니다. 여기서 조금 더 들어가면 소록대교가 나오는데요, 이 다리를 건너면 아름다운 섬 소록도에 도착하지요. 2009년에 이 다리가 개통되기 전에는 배를 타고 왕래하던 섬입니다.
　이 섬은 어린 사슴을 닮았다고 해서 오래전부터 소록도(小鹿島, 작은 사슴 섬)라고 불렀습니다. 아픔을 지닌 섬이지만 무척 아름다운 풍광을 자랑하기 때문에 지금도 매년 많은 관광객들이 다녀가고 있습니다.
　소록도는 물론 다른 무엇보다 한센인들의 섬으로 유명합니다. 1916년, 모두들 가까이 하기를 두려워하는 전국의 한센병 환자들을 치료하기 위해 일제가 만든 자혜의원이 여기 세워지면서 환우들이 몰려들었고, 국가에서 강제로 보내기도 했습니다. 이 병원의 일본인 원장이나 직원들이 환자들의 인권을 억압하는 일도 많았기 때문에 섬을 탈출하는 사람도 많았고, 여러 가지 사고로 억울한 목숨을 잃은 사고도 많았던 슬픔의 섬이 소록도입니다.

　한센병은 피부와 말초신경의 병입니다. 노르웨이의 게하르트 한센이 발견한 '나균'이 발병 원인인데요, 피부에 상처를 입어 피가 나도 느낌이 없고, 차가운 얼음이나 뜨거운 불에 닿아도 모를 정도로 신경의 마비가 오기도 합니다. 한센병을 방치하면 손과 발, 얼굴의 눈, 코, 입 등이 변형되고, 눈썹이나 수염이 빠지기도 하며, 결국 절단되기도 한답니다. 또한 몇 가지 질병의 종류에 따라 다른 증상이 나타나는데, 찌르는 듯한 심한 통증이 있기도 하고, 시력을 잃는 경우도 있습니다.

　이런 무서운 증상 때문에 과거에는 사람들을 공포에 떨게 했던 병이 한센병인데요, 일단 이 병에 걸리면 옮을까 봐 두려워하는 사람들의 멸시와 천대를 받을 수밖에 없었습니다. 신체의 고통과 마음의 고통을 함께 당하는 것이었지요. 한센인으로 살았던 문인 한하운의 시를 보면 그 절절한 아픔을 느낄 수 있습니다.

전라도 길 - 소록도 가는 길

한하운(1920-1975)

가도 가도 붉은 황톳길
숨 막히는 더위뿐이더라

낯선 친구 만나면
우리들 문둥이끼리 반갑다

천안 삼거리를 지나도
수세미 같은 해는 서산에 남는데

가도 가도 붉은 황톳길
숨 막히는 더위 속으로 절름거리며
신을 벗으면
버드나무 밑에서 지까다비를 벗으면
발가락이 또 한 개 없다

앞으로 남은 두 개의 발가락이 잘릴 때까지
가도 가도 천리 길, 전라도 길

함께읽는 소록도 이야기 1

　이처럼 육체적 고통은 물론 성경에도 나병 환자가 등장하는 것 때문에 한센병에 걸린 사람은 하늘의 벌이라도 받은 것으로 여기던 시대도 있었습니다. 손과 발이 잘려나가는 아픔도 서러운데 무슨 천벌 받을 일을 한 것도 아닌데 그런 고통을 당해야 했을까요? 악인들은 오히려 잘 먹고 잘 사는데 말이지요.

　한센병이 하늘의 벌이라는 것은 오해입니다. 나을 수 없는 병도 아닙니다. 1940년대에 발명된 특효약 DDS와 함께 오랜 세월 재발 없이 검증된 약품들이 있습니다. 이제는 약만 먹어도 완치할 수 있는 병이기 때문에 극소수의 새로운 환자도 바로 치료가 가능합니다.

　사실 다른 사람에게 전염도 쉽지 않은 질병이 한센병입니다. 전염력이 너무 낮아 대개는 잘 감염되지 않고, 아기들이 태어나서 의무적으로 맞는 BCG 주사로도 한센병은 예방된다고 합니다. 그래서 소록도를 비롯한 전국의 한센인들은 과거에 병을 앓았던 것뿐 지금은 아무 문제도 되지 않는 정상인입니다. 그래서 젊은 환자는 보기가 어려운 것입니다.

　지금은 '나균'이라는 한센병 세균을 표현할 때 외에는 과거에 사용하던 '나병', '문둥병' 이런 용어들을 전혀 사용하지 않습니다. '문둥이'라는 말조차 글공부하는 아이들을 이르는 '문동'(文童)이라는 말에서 비롯된 것이라 나쁜 뜻은 아니고, 경상도 사람들은 친근하고 사랑스러운 사람을 문둥이라고 부르기도 합니다. 하지만 지금은 모두 공식적인 표준어인 한센병, 한센병 환자(환우) 등으로 부르고 있습니다. 다만 우리가 성경의 단어를 다루거나 한센병이라는 용어가 나오기 전 과거의 일을 이야기할 때는 당시 사용하던 말을 그대로 옮길 수밖에 없는 경우도 있습니다.

　'한센인'이라는 표현은 환우와 완치된 사람 모두를 이르는 말이지만 사실 이 말도 편의상 부르는 것뿐 완치된 사람에게는 불필요한 말이지요. 차차 개선되어야 할 문제지만 한편으로는 완치됐다고 해서 한센인이라는 표현을 전혀 쓰지 않았다면 그들에게 큰 잘못을 저지른 일본의 보상을 받기 어려웠을 수 있고, 아직 진행 중인 국가의 배상도 받아내기 어려울 수 있습니다. 과거는 잘 잊히기 때문입니다.

　현재 한센인들은 전국에 흩어진 정착촌에서 살기도 하고 보통 사람들 속에서 살아가기도 합니다. 그런데도 아직 사람들의 시선 때문에 자신들의 옛 질병을 숨기는 경우가 많다고 합니다. 이미 다 나았는데도 그 병의 이름을 붙여 부르는 것은 이상한 일이지만, 우리 역사 속에서 특별한 의미였던 환자들의 아픔을 조명하고 과거와 화해하기 위해 아직은 '한센인'이라는 이름으로 그분들을 부르고 있습니다.

　원치 않는 질병으로 숨어 살고, 아무 잘못도 없는데 사람들의 손가락질을 받으며 정든 고향과 가족을 평생 등져야 했던 사람들…. 심지어 오늘날까지도 편견의 시선을 받고 있는 한센인들의 고통을 외면하는 것은 하나님의 뜻이 아닐 것입니다. 소록도와 한센인, 아픈 이름이지만 대한민국이 잊어서는 안 될 소중한 이름입니다.

게하르트 한센(1841-1912)

2부

자혜의원의 탄생, 나환자들의 슬픔과 기쁨

국적을 초월한 하나이 원장의 아름다운 봉사

슬픈 이야기를 하나씩 간직한 채 소록도로 밀려온 한센인들.
가족과 이웃을 떠나 올 수밖에 없었던 사람들의 가슴 아픈 이야기,
그리고 그들을 따스하게 품어준 사람의 이야기….

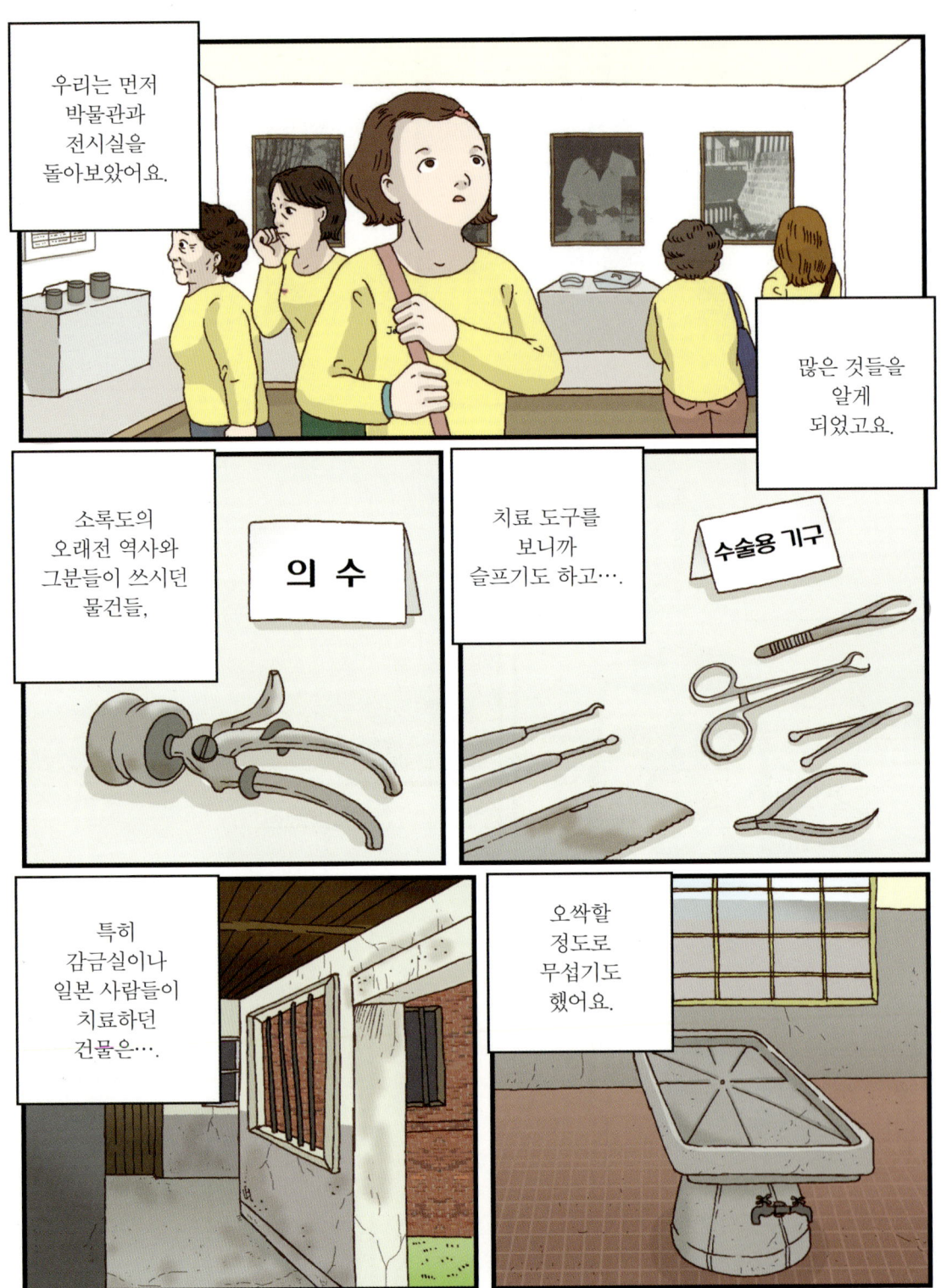

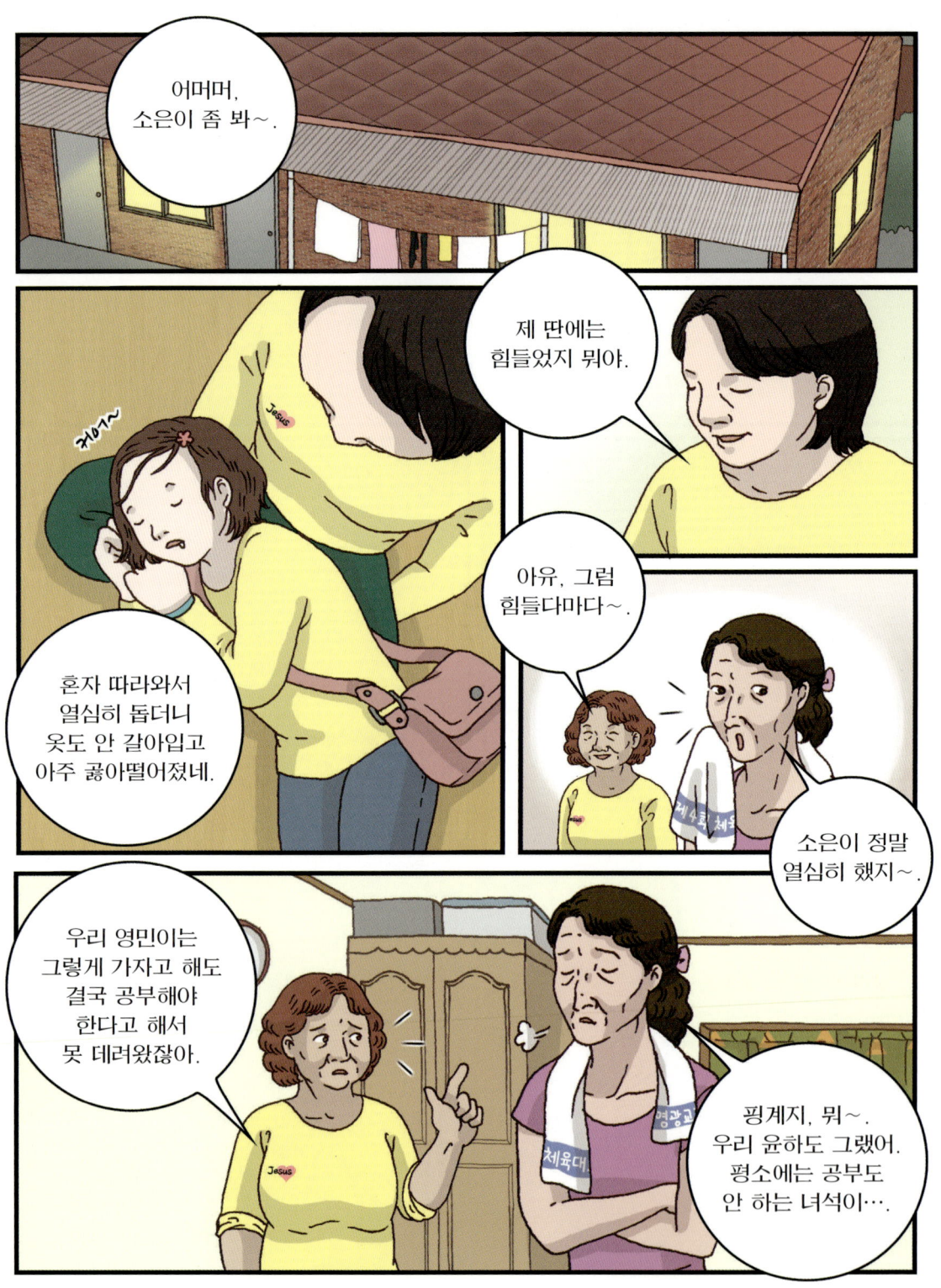

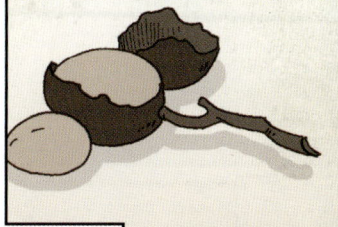

함께읽는 소록도 이야기 2

한센인들의 천사 하나이 젠키치 원장

　소록도와 한센인의 역사는 일제의 조선총독부가 1916년에 한센병 치료기관인 자혜의원을 설립하면서 시작되었습니다. 두 번째로 이곳 병원장을 맡은 원장 하나이 젠키치는 첫 원장이 만든 나쁜 규칙들을 하나 하나 바꿔주고, 환자들을 위한 방식으로 개선해 준 좋은 사람이었습니다.
　하나이 원장이 베푼 의술과 사랑에 많은 한센인들이 감동한 이유는, 어떤 시설을 바꿔준 것 이전에 세상에서 버림받은 자신들을 똑같은 한 사람으로, 인격적 대우를 해주었기 때문이었습니다. 의식주를 바꾼 것은 물론 병원 직원들에게 환자들을 함부로 대하지 못하도록 조치하기도 했으니까요.
　1921년부터 8년 동안 일했던 하나이 원장은 우리나라를 지배한 일본의 의사였습니다. 일본인으로 원장을 맡은 사람은 모두 5명인데, 그중 유일하게 존경받은 사람이었지요. 그가 소록도 한센인들의 삶을 개선한 것은 부임 후 3개월 만에 내륙 도시들에 있는 서양 선교사들의 한센인 치료 시설을 돌아보고 난 뒤였습니다.
　하나이 원장은 부임 후 원생들을 모아놓고 소원이 뭐냐고 물었답니다. 환자들은 그동안 불만이었던 것들을 말했고, 하나이는 불편한 일본 옷과 나막신부터 한복과 고무신으로 바꿔주고, 다시 각자 밥을 해먹을 수 있도록 배려한 것은 물론, 신앙의 자유까지 보장해 기독교인들도 자유롭게 하나님을 섬길 수 있게 되었습니다.
　하나이 원장은 라디오와 축음기, 바둑, 장기, 악기, 그네, 축구, 정구 같은 한센병 환자를 위한 다양한 오락과 취미시설도 마련해주었는데요, 운동회와 연극 발표회도 열고, 각자 취미에 따라 꽃나무 재배나 낚시, 또는 가축을 기를 수 있도록 배려했습니다.
　그는 소록도 사람들의 교육에도 힘을 썼습니다. 환자들 중 필요한 사람을 뽑아 보통학교 교과서로 교육을 시켰고, 3년제 보통학교를 설립해 학식이 있는 환자가 학생들을 직접 가르치게 했습니다. 한센병은 많이 배운 사람이나 못 배운 사람 모두가 걸리는 병이었으니까요.

　이렇게 큰 사랑을 베푼 하나이 원장의 선행과 사랑에 얽힌 이야기는 마치 옛이야기처럼 떠도는 일화들이 생길 정도였습니다. 그러면 그를 기리는 1930년의 공덕비에는 어떤 말이 적혀 있을까요? 사람들의 마음을 담은 이 비문에 담긴 한자어를 지금 식으로 풀어 보면 이런 내용입니다.

하나이 원장 창덕비

　소록도 자혜의원은 1916년 2월 명치 천황의 하사금으로 설립된 조선 내 유일한 나병 전문병원이다. 초대 병원장인 아리카와 토오루 이후 1921년 6월에 제2대 하나이 젠키치 원장이 부임했는데, 확고한 뜻을 세워 병원 일을 혁신했으니 그의 모든 언행은 자애로 가득 차 있었다.
　첫째는 의복과 식량의 개선, 둘째는 가족들과 연락하고 면회할 자유, 셋째는 중증환자실의 신설, 넷째는 두 번에 걸친 병원의 확장, 다섯째는 위안회의 창설, 여섯째는 정신의 풍요로움을 위한 오락시설을 마련한 것, 일곱째는 상조회의 조직이다.
　이로써 700여 명의 환자들이 특별하고 즐겁게 생활할 수 있었다. 그러나 하나이 원장이 1929년 10월 16일 갑자기 서거하여 환자들은 슬피 울었으며 서로 상의하여 이 비를 세웠다.

함께읽는 소록도 이야기 2

    1945년에 해방이 되어 이승만 정부가 일본인과 관련된 기념비를 모두 파괴하라고 명령했지만 소록도 사람들은 이 비석을 몰래 땅에 숨겨 놓았습니다. 자신들을 존중하고 아낀 하나이 원장의 비문을 파괴하는 일은 차마 할 수 없었던 것입니다. 소록도 한센인들은 1961년 5·16 군사혁명 이후 이 비석을 다시 꺼내 중앙공원 입구에 세웠고, 1988년에는 다시 원래 위치인 병원 곁으로 옮겼습니다.

    우리는 솔직히 일본 사람들을 좋아하지 않습니다. 그러나 단지 일본 사람이라는 이유만으로 모두를 싫어한다면 하나님께서 기뻐하시지 않을 일이겠지요. 일본인보다 더 악독한 조선 사람도 있었고, 하나이 원장 같은 선한 사람도 있었다는 것을 잊어서는 안 될 것입니다. 항상 전쟁과 악한 일은 일부의 사람들이 자신들의 목적을 이루기 위해 벌이는 일이고, 대다수의 선량한 사람들은 그 피해자인 경우가 많습니다. 일본의 선량한 사람들도 국가의 대륙을 향한 야욕과 전쟁의 망령 때문에 크게 고통당했을 것입니다.

    경기도 수원의 수원동신교회를 설립하고 한국인들을 위해 일생을 헌신한 노리마츠 마사야스라는 분이 있습니다. 그는 한국식으로 살며 온전히 한국인들을 위한 선교사로 이 땅을 살다가 이 땅에서 죽었던 사람입니다.

> 우리는 도요토미 히데요시와 이토 히로부미의 일본을 미워한다.
> 그러나 이름 없는 노리마츠의 일본을 사랑한다.
> 노리마츠와 같은 선량한 일본인을 사랑한다.

    수원동신교회에 세워진 노리마츠의 묘비에 있는 말입니다. 이 마음이 바로 소록도 한센인들의 마음이 아닐까요…. 그들은 세상이 버린 자신들을 품어주고, 상처를 싸매준 '선한 사마리아 사람' 같은 하나이 원장을 두고두고 잊지 못할 것입니다.

노리마츠 마사야스(1863-1921)의 묘비(수원)

3장

소록도의 원수, 최후를 맞이하다

악명 높은 수호 원장이 만든 슬픔과 고통의 날들

머나먼 작은 섬은 지옥으로 변해갔습니다.
몸이 아픈 사람들의 마음까지 병들게 한
악마 같은 이름 수호 마사스에!!
그러나 의롭고 용기 있는 청년 이춘상이 있었습니다.
수호는 과연 어떤 최후를 맞이할까요?

함께읽는 소록도 이야기 3

애국지사 이춘상의 용기와 희생

　한센병자의 수가 1,000명을 넘긴 1933년부터 1942년까지 네 번째로 소록도 병원장을 지낸 사람은 수호 마사스에입니다. 이 시기부터 소록도 자혜의원은 소록도 갱생원으로 바뀝니다. 일본의 바뀐 정책에 따라 1933년부터 1939년까지 이어진 1, 2차 확장공사로 소록도의 한센인들은 극심한 고통을 당해야 했습니다.

　하나이 원장이 천사라면 수호는 악마였습니다. 그는 부임 후 일제에 공을 세우기 위해 벽돌공장을 지어 병원을 더 크게 짓는 것은 물론 벽돌을 다른 곳에도 판매해 수익을 올리고자 했습니다. 확장공사를 앞둔 수호는 자신의 속내를 감추고 아무것도 모르는 소록도 사람들을 설득하며 이렇게 말했습니다.

　"세상 사람들에게 멸시를 받으며 떠돌아다니지 말고 이 넓은 섬에 시설을 갖추고 낙원을 만들어 집에서 치료하는 환자나 거리를 떠도는 환자를 다 불러들여 오손도손 재미나게 살면 얼마나 좋겠소? 환자 자신들에게도 복된 일이고, 가족들에게도 피해를 주지 않게 되면 국가적으로도 이중 삼중의 이득이 아니겠소?"

　순진한 사람들은 그의 말만 듣고 적극적으로 협조했고, 병원의 확장은 물론, 교도소와 종각(종탑), 납골당인 만령당 등의 시설들이 들어서게 되었습니다. 소록도 사람들의 노동에 대한 품삯까지 착취한 수호는 전쟁을 일으켜 대륙을 지배하려는 조국 일본을 위해 짐승 같은 짓을 저지릅니다. 일본이 731부대에서 자행한 끔찍한 생체실험을 통해 화학전의 무기를 만들고자 했던 것처럼 누가 죽어도 모르는 섬 소록도의 연고 없는 한센병 환자들에게 다양한 생체실험을 한 정황들이 있습니다.

또한 그들의 목숨을 파리의 목숨처럼 여겨 작은 잘못에도 감금실에 가두어 죽게 하는 등 강압적인 규칙을 많이 만들었습니다. 일명 땡긴주사라고 부르던 근육주사를 무분별하게 놓는 바람에 이삼일 만에 죽은 사람도 무척 많았다고 합니다. 지금은 증거가 모두 사라졌지만 많은 증언과 정황을 통해 생체실험을 했던 일도 조금씩 드러나 TV의 한 르포에서도 다루어졌고, 소설 등으로도 나왔습니다. 지금도 소록도에는 이런 흔적들이 많이 남아 있지요.

해를 거듭하면서 수호는 소록도에서 신적인 존재로 추앙받고자 강제로 자기 동상까지 만들었고, 신사참배와 더불어 그의 동상에도 무슨 일이 있을 때마다 절을 하게 만들 정도였습니다.

이렇게 극심한 억압이 계속되면서 탈출하려다 죽는 사람들이 여럿 나오고 매일 몇 명씩 치료를 받다 죽어나가자 환자들의 분노는 극에 달했고, 급기야 '노루 사냥'이라고 불린 구북리 청년들의 김 순시 구타 사건이 발생한 것인데요, 해안 절벽으로 굴러 떨어진 김 순시는 다른 직원들의 구출로 살아남고, 청년들은 6개월에서 1년여 기간 동안 형무소에서 옥살이를 했습니다.

수호 원장 동상

함께읽는 소록도 이야기 3

　당시 소록도에는 의사들과 직원들, 그리고 김 순시처럼 섬을 돌며 감시하는 자들이 있었는데, 이들 중에는 조선인과 일본인이 섞여 있었습니다. 자치적으로 한센인들 중에서 임원을 뽑아 감시하게 만들기도 했습니다.

　그런 관리자들 중에서도 박순주라는 자는 악명이 드높았는데, 참다못한 환우들 중 이길용이라는 사람이 그를 살해한 사건도 일어났습니다. 이길용은 손가락을 잃어 불편한 몸인데도 손에 붕대를 감고 비수를 묶어 고정한 채 박순주의 집을 찾아가 누워 있던 그를 찌른 것이었습니다. 자신들을 도우라고 믿고 뽑아준 동료가 더 악독하게 억압하고 일본의 앞잡이가 되어 죄 없는 많은 사람을 죽이자 분노가 폭발했던 것이지요.

　이길용은 사형선고를 받고 스스로 단식을 하다 목숨을 잃었다고 발표됐지만 재판정에서 당당히 박순주를 죽일 수밖에 없었던 이유를 당당히 밝힌 이길용이 자살했을 리는 없고, 소록도의 악한 비밀을 계속 폭로할까 염려한 일본 경찰 등에게 맞아 죽은 것이라는 소문이 더 믿을 만한 것이었습니다.

　소록도 환우들이 6천 명에 달하던 1942년, 박순주가 과잉충성을 위해 처음 제안한 수호의 동상이 완성됩니다. 동상을 만들기 위해 바위를 옮기고 중앙공원을 정비하는 과정에서 많은 사람들이 죽어갔습니다. 동상을 제막한 후부터는 정기적으로 모여 수호에게 절을 하고, 동상에 새겨진 그의 은혜를 기리는 노래를 부르는 날이 있었습니다.

　그해 6월 20일도 그런 날이었습니다. 청년 이춘상은 한센병을 앓으며 서대문 형무소에서 복역하던 사람이었는데, 2년쯤 전에 소록도로 넘어오게 되었습니다. 그는 2년 동안 갖가지 참상을 보고 수호 원장을 죽이기로 결심했습니다. 몇 번을 벼르던 이춘상은 이날 손목에 칼을 묶고 나갔습니다. 그리고 칼을 감춘 채 기다리다가 수호가 차에서 내려 다가오는 순간, 비호같이 달려가 그의 가슴을 깊이 찔러 죽였습니다!!

　그토록 오만 방자하고 잔인했던 수호가 피를 흘리며 쓰러졌습니다. 아직 든든하게 서 있던 우상 같은 자기의 동상이 그를 내려다봅니다. 소록도의 폭군이 자신이 벌레처럼 여기면서도 자비를 베푼다고 거들먹거리던 조선인 한센병자의 칼에 최후를 맞았습니다. 영원히 죽지 않을 것 같던 소록도 사람들의 원수가 쓰러지는 믿기지 않는 일이 눈앞에 펼쳐진 것입니다.

　수호는 조선 땅에서 조선인의 손에 죽은 일제의 관리들 중 가장 직급이 높은 사람이었습니다. 당시 일본에서는 이춘상을 안중근과 비교하며 이토 히로부미와 수호의 죽음을 애석해 했을 정도로 이 일은 큰 사건이었지요. 자신의 최후를 알면서도 6천 환우들을 위해 용기를 낸 이춘상은 언제나 당당했습니다. 그러나 오늘날 그의 이름을 아는 사람은 거의 없습니다. 그는 애국지사로 기록조차 못되고 있습니다. 이춘상이 한센병자가 아니었어도 그랬을까요?

　결국 이춘상은 예상대로 재판에서 사형을 선고받았고, 항소하는 과정에서 소록도의 만행을 알리다가 대구형무소에서 사형 집행을 당합니다. 1943년 2월 19일이었습니다.

소록도 감금실

4장

해방과 전쟁, 소록도 교회의 수난사

6·25 전쟁의 아픔 속에서도 늘 함께하신 하나님

전쟁과 함께 이 땅을 붉게 물들인 공산당!!
소록도에까지 들이닥친 그들의 총구는
막다른 길에 몰린 주민들을 겨누었습니다.
아무도 막을 수 없는 위기의 상황,
누가 이들을 지켜줄 수 있을까요?

함께읽는 소록도 이야기 4

해방과 전쟁 속 아픔을 남긴 사건들

인천상륙작전 성공 소식 후 얼마 안 가 서울이 수복되고 공산군은 퇴각하기 시작했습니다. 끌려갔던 김정복 목사는 잡혀간 지 한 달 만에 퇴각하던 공산군에게 총살을 당해 순교했습니다. 손양원 목사도 비슷한 시기에 총살로 순교를 당했습니다. 5년 가까이 사랑으로 소록도 교인들을 돌보던 김정복 목사는 끝까지 그들을 위해 기도하다가 하나님의 부르심을 받은 것이었습니다.

1950년 6·25 전쟁 전인 1945년에는 해방이 찾아오고, 소록도의 일본인들도 모두 물러갔습니다. 그러나 이제 세상이 훨씬 나아질 것으로 기대한 사람들에게 또 다른 아픔이 기다리고 있었습니다.

해방 후 혼란스러운 상황에서 부임한 사람은 김상태 원장이었습니다. 그는 수호의 악랄했던 시대를 떠올릴 만큼 엄격한 규율과 강압으로 소록도를 또 다시 공포로 몰아넣었습니다. 그는 다름 아닌 수호 시대에 의관으로 부임해 소록도를 거쳐 갔던 인물이었지요. 김 원장은 단종법을 부활시키는 등 일제 강점기로 돌아간 듯한 부당한 규칙을 도입해 환자들을 억압했습니다.

그중 수탄장의 부활이 있었습니다. '수탄장'이란 한센병에 걸린 부모와, 아직 병에 걸리지 않은 그들의 자녀들이 만나는 장소를 말합니다. 말 그대로 수심과 탄식의 장인 이 곳에서 정기적으로 만난 부모와 자녀들은 네댓 걸음 떨어진 채로 그저 바라볼 수밖에 없었습니다. 그것도 부모들은 바람이 부는 방향으로 서서 바람을 안고 자식들을 건너다 볼 수 있었을 뿐입니다. 행여 병균이 옮을까 조치를 취한 것이지만 부모와 아이들 모두에게 큰 상처를 주는 일이었습니다. 이 아픔의 장소는 지금 아름다운 소나무 길로 관광객들을 맞이하고 있습니다.

한센인의 자녀들은 '미감아'라고 불렸습니다. 이 말은 '아직 (한센병에) 감염되지 않은 아이'라는 말입니다. 이 말은 존중의 뜻으로 만든 것처럼 보이지만 사실은 이 말 자체에 '언제 한센병에 걸릴지 모르는', 혹은 '미래에 한센병에 걸릴 확률이 높은' 아이라는 의미를 포함하고 있습니다. 어떤 질병도 그 병에 걸린 사람의 자식을 '아직 그 병에 걸리지 않은 아이'라고 부르지 않는데, 유독 한센병에 대해서만 그랬던 것을 보면 잘못된 인식이 얼마나 컸는지 알 수 있지요.

그렇다면 한센병은 유전병일까요? 그렇지 않습니다. 한센병은 균에 의해 감염되는 것이지 부모가 환자이면 자녀도 환자인 그런 질병이 아닙니다. 이런 사실을 양심 있는 의사들이라면 누구나 알고 있었을 것입니다.

미감아와 한센인 부모가 멀리 떨어진 채 상봉하는 수탄장 모습

 찰스 다윈의 '진화론'이라는 증거도 없는 엉터리 가설이 온 세상을 휩쓴 19세기, 프랜시스 골턴이라는 다윈의 사촌은 자기 일가친척들이 모두 훌륭한 사회의 수재라는 사실에서 출발해 1865년에 '우생학'(eugenics)이라는 것을 주창했습니다. 우수한 특징을 지닌 사람들은 그 신체적 특징이 유전된다는 학설이었습니다. 그래서 동식물의 품종을 개량하듯 인간을 우수하게 발전시킬 수 있다고 주장한 것입니다.
 이런 논리에 따라 흑인을 낮잡아 보거나 백인들만 우월하다는 생각들이 퍼지게 되었고, 아프리카의 노예사냥이나 단종법 같은 범죄들이 저질러지고, 사람을 고릴라와 함께 동물원에 전시하기도 했는데, 열등한 사람을 죽여 없애는 것이 인류의 미래를 위한 바람직한 길로 인식되기도 했습니다.

그러나 이 우생학은 거짓으로 밝혀졌습니다. 멘델의 유전법칙에 의해 새빨간 거짓말로 드러난 것입니다. 그런데도 이런 잘못된 생각은 오랫동안 인류를 괴롭혔고, 지금도 백인우월주의나 인종차별 등으로 그 망령이 남아 있는데, 우리를 동일한 인격으로 창조하신 하나님의 뜻을 거스르고, 그분의 가장 귀한 창조물인 인간을 무시하고 파괴하는 악마적인 일입니다.

한센병도 마찬가지입니다. 멘델의 법칙은 아주 오래된 것이기 때문에 의사라면 누구나 이것을 몰랐을 리가 없습니다. 그런데도 미감아를 구분하여 사회적으로 날 때부터 낙인을 찍는 일은 비인간적인 잘못이며, 그 당사자들에게 깊은 상처를 남기는 일이었습니다.

다행인 것은, 늦었지만 소록도 환자들과 그들의 교회를 핍박하던 김상태 원장은 공산당의 수난 이후 기독교 신자로 변해 직원교회를 만들고 한센인들의 신앙을 적극적으로 도왔다고 합니다. 하나님은 회개하고 돌이키는 어떤 사람도 받아주십니다. 소록도에 원한을 남긴 또 다른 사람들도 더 늦기 전에 하나님을 발견하고 눈물로 엎드렸더라면 얼마나 좋았을까요.

이런 일에 앞서 해방 직후에는 엄청난 비극이 발생했습니다. 일본인 직원들이 모두 떠난 소록도에서는 병원장 자리와 주도권 싸움이 한국인 직원들 사이에서 벌어지게 되었는데, 이 가운데 직원들이 병원 의약품과 물품을 빼돌린다는 소문이 돌면서 한센인들이 크게 항의한 일이 있었습니다.

수십 명의 한센인들이 직원과 환자를 분리해 놓은 경계선까지 가서 항의를 하자 위험을 느낀 직원들은 일본 직원들이 두고 간 총칼로 7, 8명을 죽였습니다. 한센인들이 한풀 꺾이자 직원들은 다음 날 진지한 협상을 하자고 제안하고 만날 장소를 경계선이 아닌 곳으로 지정합니다. 아무것도 모르고 그곳으로 간 50여 명의 환자 대표들은 닥치는 대로 직원들에게 잡혀 건물에 갇히고 총살을 당하거나 칼로 죽임을 당했습니다. 게다가 직원들은 마을에 남아 있는 총살 리스트에 오른 사람들까지 찾아 모두 잡아 죽이고 말았습니다.

그것도 모자라 직원들은 병원 앞 바다 언덕에 큰 웅덩이를 파서 죽은 사람들의 시신과 아직 숨이 끊어지지 않은 사람들까지 몰아넣은 뒤 일제 때 강제 노동으로 채취해 만든 송진 기름을 쏟아 붓고 불을 질렀습니다. 몇 날 동안 송진 기름과 시체 타는 불길이 솟아올랐고, 냄새가 코를 찔렀다고 합니다. 지금도 소록도에는 껍질이 벗겨진 소나무가 많은데 그것은 송진 채취 때문입니다. 그렇게 모았던 송진이 그들을 죽이는 도구가 된 것입니다.

이 비극으로 84명의 억울한 한센인들이 목숨을 잃었습니다. 지금 소록도에는 이들의 죽음을 추모하는 위령비가 서 있습니다. 이것이 1945년 8월 15일 해방 이후 불과 5일 만에 일어난 일입니다. 일본인들의 손아귀에서 벗어난 기쁨도 잠시, 한센인들의 가장 큰 적은 일본이나 자신들의 질병이 아닌, 인간 본연의 악한 심성이라는 것을 알게 해준 대참사였습니다.

애한의 추모비

5장

7전 8기, 일곱 교회의 아름다운 부활

고통 속에 다져진 은혜의 벽돌로 쌓아올린 예배당

교회를 빼앗기고,
하나님을 믿을 자유마저 빼앗긴 소록도의 그리스도인들,
하지만 새로운 참 목자를 만나
지치고 깨진 몸과 마음으로 다시 일어섭니다.
그리고 놀라운 기적이 일어나는데….

함께읽는 소록도 이야기 5

빼앗긴 천국, 오마도에 남겨 둔 희망의 노래

성도들이 힘들여 건축한 소록도의 여섯 교회는 1963년 성탄 전야에 김두영 목사와 함께 여러 번 입당예배를 드렸다고 합니다. 그 해에 신생리 신성교회, 구북리 북성교회, 남생리 남성교회, 장안리 장안교회가 완공되었고, 해를 넘겨 1964년 1월 3일에 서생리 서성교회가, 6월 15일에는 바로 문어진 할머니의 동생리 동성교회가 세워졌지요. 그 후 다 같이 모일 수 있는 중앙교회와 직원교회까지 지어졌는데, 7만 원으로 시작한 건축이 소록도 크리스천들의 피땀과 헌신으로 다 세운 뒤에도 367,500원이나 남았습니다. 예수님이 베푸신 오병이어의 기적과 다름없는 일이었습니다.

소록도에 조창원 원장이 부임한 이후 많은 일이 있었습니다. 교회를 탄압한 조 원장이었지만 소록도 한센인들을 향한 열정도 남달랐던 조창원 원장은 소록도 축구팀을 만들어 세상을 향해 도전을 할 수 있도록 했고, 그들의 마음부터 치유하기 위해 직원들과의 감염을 우려한 경계선 등을 다 허무는 등 나름 애를 많이 쓴 것도 사실입니다.

그가 추진한 일 중 가장 큰 일은 오마도 간척사업에 한센인들을 보낸 일이었습니다. 섬이었던 오마도는 소록도에 진입하는 녹동항에서 동쪽으로 조금만 가면 나오는 지역인데, 다섯 마리의 말처럼 위치한 섬을 부르는 이름입니다. 이 섬들 사이의 바다를 메꾸는 간척사업을 해서 완공 후 한센인들에게 일인당 300평의 땅을 나눠주고, 간척사업의 노동에 대한 대가도 하루 30원씩 지불하기로 한 사업이 1962년에 시작된 것입니다.

한센인들은 조창원 원장을 믿고 새로운 희망을 품은 채 이 사업에 적극 협조했습니다. 한센병을 앓으면서도 문인으로 시를 쓰며 사회 활동에 적극적이었던 한하운 시인은 직접 오마도에 찾아와 즉석에서 시를 써서 용기를 북돋우었고, 세상 사람들도 이들의 도전에 응원의 박수를 보냈습니다.

무인도의 돌을 실어다 바다를 메우는 지루한 일이었지만 소록도 사람들은 열심히 행복한 미래를 꿈꾸며 일했습니다. 힘든 작업 속에 사망사고도 나고 부상도 이어졌지만 간척사업은 6개월 여 만에 첫 방조제가 완성되면서 조금씩 성과를 보이기 시작했고, 모두들 조 원장의 말이 거짓말이 아님을 믿게 되었습니다. 이를 지켜보던 각계의 도움도 이어졌습니다.

오마도에 건립된 한센인 추모공원의 조각작품

    그러나 다소 무리수였던 이 사업은 방조제가 물에 가라앉고 익사 사고가 나는 등 지속적인 난관에 부닥쳤습니다. 한센인들의 노동에 대한 임금도 점점 밀리기 시작했습니다.
    이때 국회의원 후보로 나선 고흥군 토박이 신형식은 한센인들의 간척사업을 반대하는 주민들의 마음을 알고 간척사업을 반대한다는 공약을 내걸면서, 소록도 사람들과 조 원장에게는 일단 지역 주민들의 환심을 사 당선된 뒤에 돕겠다는 말로 지지를 이끌어내면서 국회의원에 당선이 되었습니다. 그러나 그는 약속을 지키지 않았고, 정부에서도 협조적이지 않았습니다. 선거 후 즉시 조 원장은 다른 곳으로 발령이 나 떠나게 되고, 리더를 잃은 소록도 사람들은 그대로 버려지게 된 것이었습니다.

함께읽는 소록도 이야기 5

　결국 오마도 간척사업은 한센인들의 노동력만 착취한 채 흐지부지되었고, 다른 개발사로 사업 자체가 넘어가면서 소록도 주민들은 도전 자체가 무모했다는 식의 비난만 떠안게 되었습니다. 이 과정은 당시 최고의 문학가 이청준의 소설《당신들의 천국》에 실화에 가깝게 그려져 크게 조명이 되기도 했습니다.

　소록도 사람들이 한센병 환우가 아니었다면 일이 그렇게 흘러가지 않았으리라는 것을 그때나 지금이나 모두가 짐작할 수 있는 일입니다. 한센인들은 또 다시 한센병보다 더 지독한 편견의 비수를 맞고 신음할 수밖에 없었습니다. 진짜 깊은 병이 든 것은 세상이었지, 그들이 아니었습니다.

　지금 오마도에는 당시 희생된 한센인들을 추모하는 테마공원이 들어서 있습니다. 수많은 사람들의 억울함과 울분을 담기에는 너무나 초라한 곳인데도 그조차 기억하는 사람이 많지 않습니다.

　이처럼 어려운 세월을 견디면서도 소록도의 크리스천들은 교회를 짓고, 김두영 목사와 함께 하나님께 매달리며 아픔의 세월을 이겨냈습니다. 그 세월을 지나 오늘날은 많은 사람들이 세상을 떠나고 얼마 되지 않는 주민들이 살고 있는 소록도지만 100년을 쌓아온 슬픔은 쉽게 먼 바다로 씻겨나가지 못하고 있습니다.

　그래도 소록도는 이제 웃음을 되찾고 과거에 비해 풍요로워졌습니다. 소록도의 기독교인 할머니 할아버지들은 말씀하십니다. 기도했더니 우리를 살려주셨다고, 우리는 손이 없고 앞이 안 보여도 끝까지 하나님 섬기며 구원의 주 예수님을 천국에서 만나는 그날까지 하나님 자녀로 기쁘게 살겠다고요.

오마도 간척사업 당시의 섬 풍경

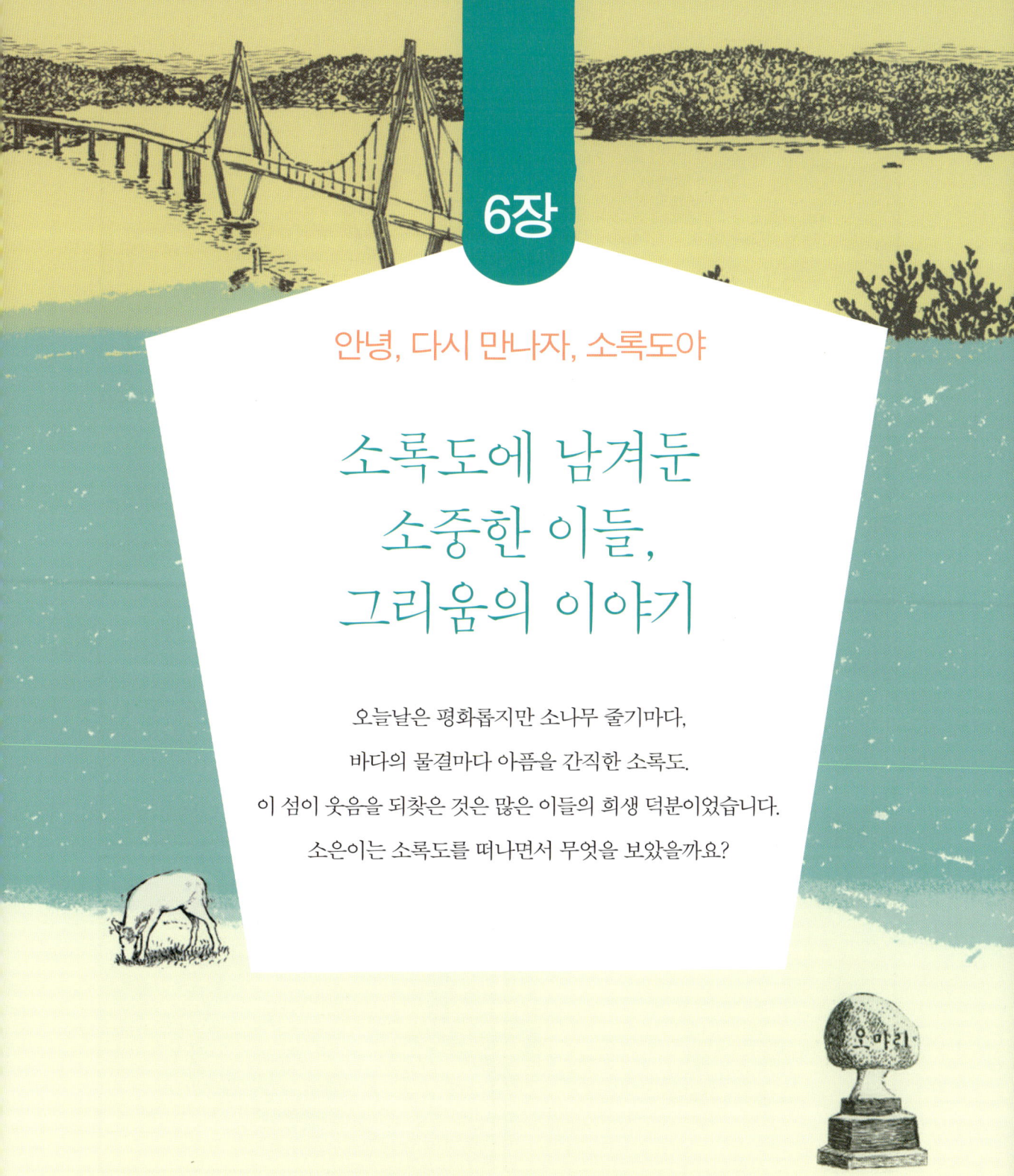

6장

안녕, 다시 만나자, 소록도야

소록도에 남겨둔 소중한 이들, 그리움의 이야기

오늘날은 평화롭지만 소나무 줄기마다,
바다의 물결마다 아픔을 간직한 소록도.
이 섬이 웃음을 되찾은 것은 많은 이들의 희생 덕분이었습니다.
소은이는 소록도를 떠나면서 무엇을 보았을까요?

함께읽는 소록도 이야기 6

평화롭고 조용한 소록도의 오늘

소은이가 드디어 소록도 여행을 마쳤습니다. 많은 사람들을 만나 마음이 부쩍 자란 시간이었을 것입니다. 소은이가 만난 이야기들 이후의 소록도는 어떻게 변했을까요? 이곳에서는 그후로도 많은 일이 있었고 슬픔과 기쁨이 교차했습니다.

소록도는 오마도 사건 이후로 세간에 알려지면서 봉사와 관광으로 방문하는 이들이 부쩍 늘었고, 세상의 관심도 많이 받게 되었습니다. 감동의 선율을 들려주는 하모니카 합주단의 명성도 세상에 알려지게 되었지요. 간호사로 봉사하며 한센병 환자들의 상처를 보듬어 치료해준 많은 간호사들의 헌신이 알려지면서 몇 명의 간호사들이 국제적 영예인 나이팅게일 기장을 수상하기도 했습니다. 천주교 수녀지만 두 명의 오스트리아 할매 수녀들의 헌신적인 봉사 이야기도 세상에 많이 알려졌습니다.

일본은 일부지만 이곳에서 저질러진 만행에 대한 보상을 했고, 국가에서도 보상금 협상이 진행되고 있습니다. 또한 지금 한센인들은 국가에서 과거에 비해 많은 지원을 하고 있어서 살아가는 데 큰 부족함은 없는 다행스러운 상황입니다. 다만 평균 연령이 70세를 훌쩍 넘다 보니 건강관리에 어려움이 있고, 젊은 이가 없어 너무 적적한 상황이지요.

소록도의 인구는 점점 줄어들고 있습니다. 새로운 환자가 없기 때문이고, 완치된 분들은 섬을 떠나 다른 곳에 정착하기도 했으니까요. 이런 영향으로 1980년대에는 장성교회와 서성교회가 문을 닫고, 지금은 직원 교회를 포함해 모두 6개의 교회가 있습니다.

소록도 할머니들을 중심으로 신성교회에서는 지금도 매일 낮 12시에 기도회가 열립니다. 종이 울리면 하나 둘 교회로 모여 비가 오나 눈이 오나 기도를 드리고 있는데요, 소록도 성도들의 기도는 늘 나라와 민족을 위한 기도로 시작합니다. 매 순간 위기 때마다 기도했더니 일본이 물러가고, 기도했더니 전쟁이 끝나고, 기도했더니 교회가 세워지고 병이 낫고 했다면서, 지금까지 지내 온 것이 모두 주님의 크신 은혜라고 자랑하십니다.

김두영 목사는 30년을 소록도에서 헌신하다 1995년에 78세로 하나님의 부르심을 받았습니다. 김두영 목사 이후로 박창훈 목사, 이기옥 목사, 현광식 목사, 박주천 목사 등을 거쳐 지금은 제10대 담임으로 김선호 목사가 성도들을 이끌고 있습니다.

　소록도는 이제 관광객들이 찾아와 과거의 역사를 공부하는 장이 되고 있습니다. 섬에는 작은 박물관과 전시실이 있습니다. 소록도 역사를 보여주는 사진 자료들과 한센인들이 사용하던 재봉틀부터 수저, 다리미, 옷가지 등등을 전시하고 있고, 치료 도구와 약품들도 과거의 모습 그대로 볼 수 있게 해 놓았습니다. 그리고 감금실과 단종대 등 아픔을 담은 흔적들도 남아 있어서 역사의 교훈을 체험할 수 있는 공간이 되고 있습니다. 특별히 2016년 소록도 100주년을 기념하여 한센병 박물관이 새로 문을 열었습니다.

　소록도 100년…. 이제 우리는 한센인들의 아픔을 기억하고 기록하되 잊어버릴 필요도 있는 것 같습니다. 이제 모든 사람이 그들을 더 이상 한센인이 아닌 건강한 보통 사람으로, 그저 우리의 평범한 이웃으로 품을 때 오랜 상처는 진정으로 치유될 것입니다. 그때까지 우리 모두의 관심과 진심어린 사랑이 필요합니다.

부록

소록도 주요 연표

주제별로 보는 소록도의 핵심 역사

만화에서 못 다한 이야기

소록도 주요 연표

- **1873**
  노르웨이 의학자
  게하르트 한센 Gerhard A. Hansen
  나병 발견

- **1897**
  제1회 국제나학회,
  나병을 격리 외에는
  치료할 수 없는 전염병으로 결의

- **1907**
  일본, '나병 예방에 관한 건' 시행,
  전국에 공립 요양소를 5개 건립 결정

- **1909**
  어빈 Charles H. Irvin,
  부산 나병 수용소 세움(이후 상애원)

- **1911**
  윌슨 Robert M. Wilson,
  광주 봉선리에
  나환자 치료소를 세움(이후 애양원)

- **1913**
  플레처 Archibald G. Fletcher,
  대구에 나병원 세움(이후 대구 애락원)

- **1910. 9. 29**
  조선총독부가 전국
  13개 도에
  자혜의원 세움

- **1916. 2. 24**
  조선총독부,
  전라남도의 소록도에
  자혜의원 설치

- **1921-1929**
  하나이 젠키치 花井善吉 원장이
  소록도 자혜의원을 운영함

- **1922. 10. 8**
  다나카 신사부로 田中眞三郎 목사 소록도에서 집회,
  소록도 교회의 시초가 됨

- **1926**

  코이데 도모하루^{小出朋治} 목사 부임

- **1927**

  남생리에 남부교회
  예배당 건축(현 남성교회)

- **1928**

  구북리에 예배당 건축 (현 북성교회)

- **1931**

  일본 '나예방법',
  '나예방령 시행규칙'을 발표함

- **1930. 9**

  하나이 원장 공덕비를 세움

- **1931**

  국제나협회^{International Leprosy Association} 조직

- **1932**

  조선나예방협회 창립

- **1932**

  야다 분이치로^{矢田文一郎} 목사 부임

- **1933-1942**

  수호 마사스에^{周防正季} 원장

- **1934. 9. 14**

  소록도 자혜의원
  국립 나요양소 지정,
  소록도 갱생원으로 이름 변경

- **1934-1935**

  신생리교회, 동생리 예배당 건축
  (현 신성교회와 동성교회)

소록도 주요 연표

- **1938**
  중앙교회 세움

- **1940. 8. 20**
  수호 원장 동상 건설 제막식

- **1941**
  치료약 DDS 발명으로
  한센병 치료 가능해짐

- **1941. 6. 1**
  이길용 사건(박순주 사망)

- **1942. 6. 20**
  이춘상 사건(수호 원장 사망)

- **1945. 8. 15**
  광복

- **1945. 8. 22**
  소록도 84인 학살 사건 발생
  (2002, 추모비 건립)

- **1946**
  장안리교회 설립
  (소록도 7교회 초기 설립 완성)

- **1948**
  대한나예방협회 창립
  (현재 한국한센복지협회)

- **1950. 6. 25**
  한국전쟁

- **1950. 9. 27**
  소록도교회 김정복 목사 순교

- **1954**
  대한한센총연맹 결성
  (초대 위원장으로 시인 한하운)

- **1957-1983**
  성경성실고등학교 개교 후 폐교

- 1958

  대한나학회 발족

- 1961-1964

  조창원 원장

- 1962-1964

  오마도 간척사업에 소록도 사람들 희생

- 1962-1993

  김두영 목사, 7개 교회 건축
  (1964년 11월 24일 봉헌)

- 1970-1974

  조창원 원장 재부임

- 1973

  소록도에 한하운 시비 건립

- 1984

  권진동 장로, 연합 하모니카 합주단 창설

- 1996

  나예방법 폐지(일본)

- 1997-2004

  김명환 목사

- 2004

  서울 한빛복지회 회장(임두성 장로)
  소록도 교회연합체 재결성

- 2004

  일제강점기에 소록도에 강제 격리된
  한센인들 581명 일본 정부의 보상 받음

- 2004-2011

  박주천 목사

- 2007-

  박형철 원장

- 2011-

  김선호 목사

135

주제별로 보는
소록도의 핵심 역사

100년 동안 소록도에서는 어떤 일이 벌어졌을까?

한센병의 간단한 역사

한센병의 역사는 무척이나 깁니다. 성경에서는 지금으로부터 약 3,500년 전인 모세 시대에 등장하고, 약 2,500년 전의 열왕기하 5장에는 여러분도 잘 아는 나아만 장군이 나병을 고친 이야기가 나옵니다. 예수님은 한센병 환자를 고쳐주시기도 했습니다.

우리나라에서는 〈삼국사기〉에도 나오고 〈조선왕조실록〉에도 나오는 것이 지금은 한센병이라고 부르는 '나병' 또는 '문둥병'입니다. 이 질병은 외형에 큰 변화를 불러오고 통증이 심했기 때문에 사람들은 이 병을 무서워했고, 그 때문에 한센병 환자들은 사람들 틈에서 살아갈 수 없었습니다.

선교사들이 만든 한센병 치료소들

19세기 말에 선교를 위해 우리나라로 건너온 의사들에 의해 한센병은 치료가 되기 시작했습니다. 하지만 당시에는 특별한 치료법이 없었습니다. 1906년, 처음으로 찰스 어빈에 의해 부산 나병원이 생겼고, 환자가 처음에 20명이었지만 10년쯤 지나자 80명이 되었습니다. 1915년부터는 대풍자유라는 주사약으로 100명 중 25명이나 죽던 한센병 환자들의 사망률을 2명으로 크게 낮출 수 있었습니다. 부산 나병원은 1937년 상애원으로 이름을 바꿨습니다.

1920년대에 여수 애양원이 된 광주 나병원은 1909년에 시작되었는데요, 포사이드 선교사가 최흥종이 기증한 땅에 지은 것입니다. 여수 애양원은 손양원 목사가 부임해 한때 환자들을 돌보기도 했습니다. 대구에도 선교사 플레처를 중심으로 나병원이 세워졌습니다. 플레처는 1920년 세브란스병원에 나진료과를 만들기도 했던 인물입니다. 이 병원은 1924년에 대구 애락원이 됩니다.

소록도의 초기 모습

　1910년 을사늑약 이후 전국에서 문제가 되고 있는 한센병 환자들의 격리 수용과 치료에 대한 문제가 떠올랐고, 선교사들의 병원만으로는 환자들을 다 치료할 수 없는 상태가 되었습니다. 일본의 조선총독부는 남해의 섬들 중 풍광이 뛰어나면서도 주변 물살이 거세 환자들이 도망치기 어려운 소록도를 택합니다. 그 섬에서 대대로 살던 주민들은 반발했지만 일본  은 강제적으로 1916년부터 소록도에 병원을 세웠고, 이것이 전국 19번째 자혜의원입니다.

　초대원장 아리카와는 강압적으로 일본식 생활을 강요했고, 일본 천황에 대한 맹세를 시키며 환자들의 몸과 마음을 억압했습니다. 그러다가 1920년대에는 만화에서 본 것처럼 하나이 젠키치 원장이 부임해 사랑과 헌신을 베풀어 환자들의 존경과 감사를 받게 되었지요. 하나이 원장은 병원 시설도 크게 확장해 환자들을 치료했습니다.

 　1934년에는 자혜병원이 소록도갱생원으로 바뀌었습니다. 조선총독부의 조선나예방협회에 의해 조직이 개편되고 정책이 치밀해지면서 소록도의 한센인들은 더 많은 제약을 받게 되고, 고난을 받게 되었습니다. 이때는 가장 악랄한 수호 원장이 활동한 시대였고, 그는 결국 원생들의 분노로 한센인 청년 이춘상에게 1942년에 죽고 말았으며, 간부였던 일본 앞잡이 박순주는 이길용에 의해 죽게 됩니다.

주제별로 보는
소록도의 핵심 역사

소록도의 눈물진 역사

　소록도는 인권이 크게 억압된 섬이었습니다. 질병이 유전된다는 생각 때문에 결혼한 부부라도 같이 살지 못하게 했고, 같이 살려면 아이를 낳을 수 없도록 남자의 몸에 단종수술을 해야 했습니다. 또 마음에 들지 않는 행동을 하는 사람들을 가두는 감금실을 만들어 많은 이들을 죽음으로 몰아갔습니다. 또한 일본 제국주의 전쟁을 돕는 생체실험이 이곳에서 시행됐다는 의혹도 많은 증거와 증언을 통해 남아 있습니다. 이런 고통 때문에 한센인들의 사망률은 1945년경에 20% 이상이 되기도 했습니다. 이런 높은 사망률이 기록된 이유는 예전과 같이 단순히 한센병으로만 죽은 것은 아니고, 위와 같은 여러 고난 때문이었습니다.

　광복 이후에도 이들의 고통은 끝나지 않았습니다. 해방 직후 벌어진 한국인끼리의 84인 학살 사건은 지금도 큰 상처로 남아 있기도 합니다. 6·25 전쟁 당시에 공산당들이 점령했던 시기도 있었습니다. 1960년대에는 오마도 간척사업이 시작되어 한센인들이 투입되었습니다. 그러나 이들에게 약속된 비용과 땅은 물거품이 되었고, 모두에게 또 다시 상처만 남겼습니다.

　이후 소록도를 맡은 원장들 중에도 그들을 괴롭힌 사람들이 있었습니다. 이들 중 김형태 원장은 악명높은 수호 원장 때 직원으로 있던 사람인데, 오래전에 시행되던 수탄장의 만남을 부활시켰습니다. 한센병에 걸린 부모들과 그들의 아이들이 길 사이를 두고 멀찍이 서서 만나야 하는 제도였습니다. 이런 가혹한 일들이 한센인들의 마음을 아프게 했던 것입니다.

어둠에서 벗어난 소록도의 새 역사

손수경 원장 시절인 1957년에는 기독교인들이 주축이 되어 만든 성경성실고등학교가 문을 열었고, 지식층도 많았던 한센인들이 학생들을 맡아 가르쳤습니다. 이 학교는 1983년에 문을 닫기까지 23년 동안 졸업생 151명을 배출했습니다.

소록도에는 유명한 두 외국인 간호사가 있습니다. 오스트리아 가톨릭을 통해 온 천주교 수녀이긴 하지만 일생을 헌신하며 수고하다가 돌아간 마가렛과 마리안느는 한센인들의 상처를 직접 만지면서 마음으로 위로했습니다. 그리고 40년이 넘게 봉사한 두 사람은 너무 늙어 소록도에 짐이 될까 봐 편지 한 장만을 남기고 조용히 본국인 오스트리아로 돌아갔습니다. 이들의 봉사는 소록도 자원봉사의 시초가 되었고, 많은 이들이 소록도에 들어가 봉사를 하게 되었습니다.

한국인 간호사들 중 이금봉, 최금자 간호사와 박경자 간호과장은 각각 1973년, 1987년, 1999년에 나이팅게일 기장을 수상하는 영광을 안았습니다. 나이팅게일 기장은 적십자국제회에서 플로렌스 나이팅게일이 크리미아 전쟁 당시 부상병의 간호를 위해 헌신한 업적을 기리기 위해 제정된 국제적 기념패입니다. 소록도에서의 헌신이 인정된 기쁜 일이었지요.

소록도는 1963년에 전염병예방법이 바뀌면서 강제격리 규정이 없어졌습니다. 1940년대에 개발된 치료약으로 거의 완치가 가능해졌기 때문입니다. 1961년에 부임한 조창원 원장은 감금실과 직원 환자 경계선을 없앴습니다. 1990년대에 이르러서는 자치위원회가 발족되어 환자들 스스로 병원과 시설을 관리하는 제도도 생겨났습니다.

자혜의원에서 갱생원으로 바뀌었던 병원은 1960년대에 국립소록도병원이 되어 시설을 현대화하는 등 국가의 관심도 더해져 많은 발전을 거듭했습니다. 한센인들을 중심으로 한 하모니카 합주단이 만들어지는 등 세상의 관심도 많이 받게 되었고, 과거의 인권탄압 문제도 언론을 통해 많이 알려지게 되어 소록도를 찾는 이들이 많아졌고, 나병이나 문둥병 등의 용어는 한센병으로 통일돼 사람들의 선입견도 많이 좋아지게 되었습니다.

오늘날 소록도는 많은 관광객이 다녀가는 지역으로 예전의 아픔을 돌아보는 교육현장이 되었으며, 이미 오래전에 완치된 한센인들 어르신들이 주로 살고 있습니다.

주제별로 보는
소록도의 핵심 역사

소록도 교회의 간략 역사

　소록도의 기독교인들을 위해 1922년에 초청된 다나카 목사는 소록도에서 집회를 열고 세례를 베풀기도 했습니다. 이런 일들이 소록도 교회의 시작이 되었습니다. 1923년경에는 소록도의 기독교인이 120명 정도였습니다. 원생들의 종교를 존중했던 하나이 원장이 데려온 한센병 환자이자 기독교인 교사였던 미쓰이 테루이치는 한국어를 배워가면서 한센인들을 위해 헌신했습니다.
　1927년 이후로 교회가 지어지기 시작했습니다. 1927년과 1928년에 남생리 남부교회와 구북리 북성교회가 지어졌고 이후로 신생리, 동생리, 서생리에 예배당이 세워졌으며, 1938년에는 모두가 연합해 모일 수 있는 중앙교회도 세워졌습니다. 그러나 수호 원장은 종교를 탄압하고 신사 참배를 강요하는 등 기독교인들을 때리고 고문하며 교회 문을 닫게 하였습니다. 이처럼 어려운 시대에 〈성서조선〉의 발행인이었던 신학자 김교신은 책자와 글로 소록도 환자들과 교류하며 그들의 아픔을 위로하기도 했습니다.
　한국전쟁 때는 소록도 교회의 담임이었던 김정복 목사가 6·25 당시 기도굴에서 체포되었다가 공산군에 의해 순교하는 사건이 벌어졌습니다. 김정복 목사와 깊은 인연을 맺었던 손양원 목사도 비슷한 시기에 공산군에게 순교를 당했습니다.
　1962년에 부임한 김두영 목사는 8개의 교회를 환자들 스스로 지을 수 있도록 큰 용기를 준 인물이

었습니다. 실로 소록도의 기적이라고 할 만한 놀라운 하나님의 은혜였습니다. 김두영 목사는 1993년에 은퇴하고 1995년에 부르심을 받기까지 전 세계로 나가 소록도의 실상을 알리며 기금을 조성했고, 책을 써서 소록도 이야기를 전파하며 일생동안 몸 바친 사역자였습니다.

  이후 박창훈, 김명환 목사 등이 소록도 교회를 맡았고, 도중에 잠시 분열되는 아픔도 있었지만 박주천 목사가 2004년에 부임해 남은 5개 교회의 560명 성도가 화합을 이루게 되었습니다. 2011년에는 지금 담임목사로 섬기고 있는 김선호 목사가 부임해 지금까지 소록도의 기독교인들을 이끌고 있습니다. 지금도 소록도에 가면 오랜 세월 동안 매일 12시만 되면 기도회를 여는 교회도 있고, 나이가 많으신 어르신들이지만 뜨겁고 순수하게 하나님께 모든 일을 감사하며 건강하고 밝게 지내고 있습니다.

만화에서 못 다한 이야기

소록도와 한센병에 얽힌 사연과 사람 이야기

참사랑을 실천한 소록도 의사 전풍자

　1976년 늦은 나이에 소록도 내과의사로 부임한 전풍자 의사는 6년 동안 소록도에서 봉사했는데, 지금까지도 소록도 사람들에게 '몸과 마음과 행동으로 봉사하는 분'으로 기억되고 있습니다. 일제강점기 때부터 소록도에서 일하고자 했지만 조선 여성이라는 이유로 거절당했고, 뒤늦게 소록도에 부임했지만 그 전부터 마산에서 산부인과를 경영하면서 고아원을 세우고 야간학교를 열어 어려운 이들에게 큰 도움을 주었던 훌륭한 의사였습니다.

　전풍자 의사는 의사가 아니라 한 인간으로 다른 이들을 돕기 위해 소록도에 왔다고 했으며, 환자들의 집을 찾아 밤을 새워가며 슬픔으로 멍든 환자들의 이야기를 들어주는 것으로 치료를 시작했다고 합니다. 병원 일이 끝난 후에도 매일 7개 마을을 돌면서 이발을 해드리고, 두 손이 없는 환자는 발톱까지 깎아주었습니다. 환자의 생일을 일일이 기억했다가 음식을 장만해주고, 평소에도 손수 빵이나 음식을 만들어 나누며 사랑을 전했습니다.

　어느 겨울밤에는 숙소에서 4km가 넘는 남생리에서 밤늦게까지 환자를 돌보고 돌아가던 전풍자 의사가 피로에 지쳐 눈 속에 쓰러지는 바람에 며칠 동안 앓아누워 온 마을이 울음바다가 되기도 했답니다.
　전풍자 의사의 봉사가 알려지면서 1981년에 농촌운동의 선구자 최용신 여사를 기념하기 위해 제정된 제18회 용신 봉사상을 한국여성단체협의회로부터 수상했습니다. 그녀는 항상 남을 위하는 일이 곧 자신을 위하는 일이라는 생각을 가질 때 복된 사회가 온다고 강조했다고 합니다. 소록도에서 주민들의 마음을 치유하고 안아준 전풍자 의사는 평생을 이웃에게 바친 귀한 사람이었습니다.

만화에서
못 다한 이야기

기적의 선율로 소록도를 알린 하모니카 합주단

　1984년 여름 소록도 연합교회의 성가대 지휘자였던 권진동 장로는 소록도 주민들 중 시각장애인들을 모아 연합 하모니카 합주단을 만들었습니다. 찬송을 부르는 사람과 아코디언, 큰북, 탬버린에 하모니카 연주자까지 총 20여 명으로 시작했습니다.

　손이 오그라들고 불편해서 다른 악기는 다루기 어려운 분들도 하모니카는 양손으로 쥘 수 있었습니다. 권진동 장로는 앞을 못 보는 사람이라도 시간을 쪼개 일주일에 두 시간쯤 하모니카 연주를 배운다면 소록도 교회에서도 하나님께 찬양을 드릴 수 있고, 어쩌면 소록도의 아이콘으로 만들 수도 있다는 생각을 했습니다. 어르신들은 취미생활을 가질 수 있다는 행복에 흔쾌히 찬성하고, 시간이 되는 대로 하모니카 연습이 시작되었습니다.

　처음에는 저마다 실력이 달라 하모니카 소리는 그리 아름답지 않았는데, 서울에서 전문 연주자를 초청해 일주일에 2시간씩 가르치면서 근사한 합주단의 모습을 갖추게 되었습니다. 그렇게 연습을 통해 실력이 늘자 하모니카 두 개를 손에 쥐고 불기도 하고, 세 개를 쥐고도 연주를 할 정도가 되었습니다.

　이후로 합주단은 서울과 전국을 다니며 연주 공연을 해서 매번 우레와 같은 격려의 박수를 받았습니다. 앞을 못 보면서 손과 몸이 불편한 사람들이 힘차고, 경쾌하게 찬송을 연주하는 모습이 성도들에게 큰 감동을 준 것이겠지요.

　손가락 없는 주먹손에 쉬어진 하모니카, 발가락 없는 발에 신겨진 특제 신발, 표정 없이 일그러진 얼굴의 시각장애인들이 열심히 연주하는 광경을 바라보는 사람들은 어디서나 두 눈에 감동의 눈물을 흘렸습니다.

　1980년대에 한국교회 100주년 기념관에서 열린 하모니카 합주단의 공연과 간증을 접한 구상 시인은 한 신문을 통해, 몸에 질병의 흔적을 지닌 사람들의 신앙과 혼이 담긴 연주에 크게 감동했다는 소감을 전하기도 했습니다. 또한 주민들이 자기들의 평안이 아닌 나라와 민족, 온 국민의 발전과 무사함을 위해 기도하고 있음을 전하면서, "그래서 소록도는 한국에 마지막 남은 순수한 심혼의 지대입니다."라고 말하기도 했습니다.

　이후로도 소록도 하모니카 합주단은 전국을 다니면서 하나님의 은혜를 찬송하고 소록도의 놀라운 간증을 전하면서 힘차게 활동하였습니다. 그들의 아름다운 하모니는 천국에서도 계속 울려 퍼질 것입니다.

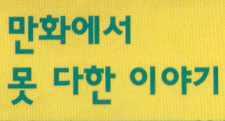

만화에서 못 다한 이야기

기도하며 통일통장 채우는 장인심 할머니

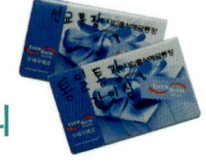

소록도 신성교회에 가면 장인심 권사님이 계십니다. 2009년부터 '통일통장'을 만들어 꾸준하게 저축하며 통일을 준비하고 있는 분인데요. 소록도에는 낮 12시만 되면 남북통일과 북한선교, 이 민족의 앞길을 위해 한 평생 기도를 드리는 분들이 있습니다.

그분들 중 장인심 할머니는 북한에 복음을 전할 수 있을 때 선교비로 드릴 헌금을 계속 모으고 있고요, 생전에 통일이 되지 않더라도 '북한 선교비'로 남기겠다고 하십니다. 할머니는 국가에서 나오는 장애인 생활비와 자잘한 돈들을 아껴서 꽤 많은 돈을 모으셨답니다. 할머니는 자신이 불편한 몸이면서도 자주 죽과 음식을 만들어 더 불편한 이웃들과 나누시기도 하지요.

할머니는 2009년 3월, 두만강 부근에서 탈북자 문제를 취재하다가 북한 당국에 체포된 미국의 두 기자가 전 미국 대통령 클린턴이 평양을 방문해 김정일을 만나 그들을 데려가는 것을 보았습니다. 이 장면을 뉴스로 보면서 하나님 뜻이면 북한에도 어느 날 갑자기 신앙의 자유가 임할 수 있다는 생각이 들었답니다. 그래서 기도만이 아니라 무엇이든 준비해야 한다고 작정한 것이 통일통장이었지요.

장인심 할머니와 함께 모이는 분들의 기도 제목은 세계 선교와 조국통일입니다. 태국과 필리핀에는 선교사와 협력해 예배당을 건축했고, 현지에도 다녀왔습니다. 그분들은 매일 우리나라의 평화를 위해 눈물로 기도하고 있습니다.

장인심 할머니는 16세였던 1952년에 소록도에 들어왔는데, 공부도 잘하고 예뻤던 학생이라 큰 충격에 자살을 하려다가 실패하기도 했답니다. 풍광이 아름답다는 소록도 구경이나 한 번 하고 죽겠다는 심정으로 왔지만 이곳에서 하나님을 만나고, 그분의 은혜로 날마다 천국 소망, 통일의 소망을 품고 기도하며 기쁘게 살고 계십니다.

할머니는, 소록도의 모든 것은 하나님께 기도해서 이룬 은혜라고 말씀하십니다. 기도했더니 일본이 망하고, 기도했더니 공산당이 물러가고, 기도했더니 이렇게 밝은 세상이 와서 하나님을 매일 찬송하며 살 수 있게 되었다고 가는 곳마다 간증하며 살아가고 있습니다.

소록도를 주제로 작품 활동을 하는 문인 강선봉

　강선봉 할아버지는 글을 쓰는 문학가입니다. 1939년 경남 진주에서 태어나 여덟 살이 되던 1946년에 한센병 환자였던 어머니와 함께 소록도에 강제로 오게 되었습니다. 어머니는 어린 아들까지 한센병에 걸리게 될까 봐 혼자만 떠나려고 했지만 아들은 자신이 한센병자가 된다 해도 어머니와 이별할 수가 없었습니다.

　어머니와 이곳저곳을 떠돌며 온갖 고생을 하던 강선봉 할아버지는 어머니와 함께 소록도에 정착하게 되었고, 열세살이 되던 해에 결국 한센병에 걸리고 말았습니다. 그는 소록도에서 소학교와 중학교를 졸업했고, 이후 소록도의 최고 교육기관인 의학강습소에 들어가 공부하게 됩니다. 소록도에는 의사가 부족해 환자들 중에서 출중한 사람들을 뽑아 의료 기술을 가르쳐 환자들의 치료를 돕는 제도가 있었기 때문입니다.

　강선봉 할아버지는 소록도에서 아내를 만나 결혼도 했습니다. 하지만 그도 역시 아이를 낳을 수 없는 단종수술을 받아야만 결혼이 가능했기 때문에 수술을 받을 수밖에 없었습니다.

　1962년 오마도 간척사업이 시작될 때쯤 소록도를 떠난 강선봉 할아버지는 세상에 돌아가 의료인으로 자신의 삶을 성공적으로 개척해 나갔습니다. 그리고 2006년 한센인의 인권회복과 소록도의 과거와 현재를 제대로 자리매김하기 위해 자신과 소록도의 이야기를 담은《소록도, 천국天國으로의 여행》을 출간해 세상에 알렸습니다. 이 책에는 소  록도에 강제 격리된 어머니와 자신의 한 많은 삶과 함께 일제의 잔인한 한센인 정책, 그리고 광복 이후에도 여전히 착취당한 한센인들의 인권을 고발하는 내용이 담겨 있습니다.

 　강선봉 할아버지는 지금 가족과 소록도에서 살면서 100주년을 맞이한 소록도의 역사와 신앙의 유산을 정리하는 일에 힘을 다하면서 시집을 출간하는 등 집필과 다양한 사회활동에 나서고 있으며, 2016년 소록도 병원 개원 100주년을 맞이하여 두번 째 소설《곡산의 인동초 사랑》을 출간했습니다.

만화에서
못 다한 이야기

"보리 피리"의 한센인 시인 한하운

　모든 한센병 환자가 소록도에 있었던 것은 아닙니다. 이북 출신으로 서울과 인천에서 활동한 시인 한하운은 한센병력자로 사업가이면서 뛰어난 문인이었습니다. 당대의 지식인이었던 한하운의 시는 "보리 피리"가 가장 잘 알려져 있습니다.

　국내에서 자주 노벨 문학상 후보에 오르는 고은 시인은 군산중학교 시절인 6·25 전쟁 당시에 우연히 한하운 시인의 시집을 접하게 되었고, 그 아름다운 시어에 매료되어 화가의 꿈을 접고 시인이 되기로 결심했다고 합니다. 고은 시인은 한하운의 시는 빛이 다가오는 것 같아 밤새 울며 심지어 자신도 한센병에 걸린 시인이 되어야겠다고 생각할 정도였다고 합니다.

　1920년 함경남도 함주에서 태어난 한하운의 본명은 한태영입니다. 키가 컸던 그는 학생 때 장거리 육상선수로도 활약했는데, 이리 농림고보를 졸업하고, 일본 동경에서 고등학교를 다녔고, 다시 북경의 농학원을 졸업했습니다. 1945년에 눈썹이 빠지고 코가 막히는 증세가 나타나면서 한센병이라는 것을 알게 된 그는 다니던 직장을 그만두고 함흥으로 돌아갔고, 이때 이름을 하운何雲이라고 바꾸었습니다.

　그는 약을 구하기 위해 남한으로 넘어오는 과정에서 온갖 고생을 했습니다. 심지어 구걸을 하기도 했고, 명동 거리의 술집과 다방, 식당 입구에 서서 시를 써주고 돈을 얻기도 했지요. 그러다가 문학계에 소문이 났고 1949년에는 서울신문이 발행하던 〈신천지〉 4월호에 13편의 시가 실립니다. 이후 시의 작품성을 인정받아 26편이 실린 《한하운시초》가 나왔습니다. 한센병 환자라는 편견 때문에 그는 가는 곳마다 멸시를 당했고, 사람들은 그를 만나도 악수는커녕 그가 쓴 원고를 만지기조차 꺼렸다고 합니다.

　한하운은 1959년 한센병이 음성으로 판정받아 사회에 복귀하고 회사를 설립하기도 했으며 1960년에는 무하문화사라는 출판사를 설립하기도 했습니다. 소록도 사람들의 오마도 간척사업 때는 직접 현장을 방문해 용기를 북돋우는 시를 써 주기도 했습니다. 1973년 소록도에 그의 시비가 세워졌는데, 1975년 3월, 한하운은 한센병이 아닌 간경화로 인천에서 숨졌습니다.

  한하운은 원치 않게 자신의 몸에 찾아온 한센병 때문에 꿈을 제대로 펴지 못했지만, "파랑새", "고향", "전라도 길-소록도 가는 길" 등의 아름답고 서정적인 시로 사람들에게 감동을 주었으며, 한센병 환자의 아픔을 달래주었습니다. 그의 대표작 "보리 피리"는 보리 줄기를 잘라서 만든 풀피리를 뜻합니다. 돌아갈 수 없는 먼 이북의 고향, 그리고 모두가 꺼리는 끔찍한 질병 때문에 돌아갈 수 없는 사랑하는 이들의 세상과 격리된 아픔을 노래한 시입니다.

보리 피리

보리 피리 불며
봄 언덕
고향 그리워
피-ㄹ 닐니리.

보리 피리 불며
꽃 청산
어린 때 그리워
피-ㄹ 닐니리.

보리 피리 불며
인환의 거리
인간사 그리워
피-ㄹ 닐니리.

보리 피리 불며
방랑의 기산하
눈물의 언덕을 지나
피-ㄹ 닐니리.

소록도 가는 길
목마른 사슴들의 행복한 섬

발행일 | 2016년 9월 9일 발행
발행인 | 김재현
제　작 | KIATS
작　가 | 김재욱
만　화 | 홍선겸
삽　화 | 조미연
편　집 | KIATS 편집팀
디자인 | 박송화
펴낸곳 | 한국고등신학연구원(KIATS)
등　록 | 제 300-2004-211호
주　소 | 서울시 용산구 한강로 1가 228 한준빌딩 1층
전　화 | 02-766-2019
팩　스 | 0505-116-2019
E-mail | kiats2019@gmail.com
ISBN | 979-11-6037-024-9 (03230)
Web | www.kiats.org

* 본 출판물의 저작권은 한국고등신학연구원(KIATS)에 있습니다.
* 사전동의 없이 무단으로 복사 또는 전재하여 사용할 수 없습니다.

*이 도서의 국립중앙도서관 출판예정도서목록(CIP)은 서지정보유통지원시스템 홈페이지(http://seoji.nl.go.kr)와 국가자료공동목록시스템(http://www.nl.go.kr/kolisnet)에서 이용하실 수 있습니다.(CIP제어번호: CIP2016021558)